DARDANUS,

TRAGEDIE

REPRÉSENTÉE POUR LA PREMIERE FOIS,

PAR L'ACADEMIE ROYALE DE MUSIQUE,

Le Jeudy dix-neuf Novembre 1739.

NOUVELLE EDITION,

Remise au théâtre, le mardi 21 Avril 1744.

DE L'IMPRIMERIE

De JEAN-BAPTISTE-CHRISTOPHE BALLARD,
Doyen des imprimeurs du Roy, seul pour la musique,
et pour l'Academie royale de musique.

A Paris, au Mont-Parnasse, ruë saint-Jean-de-Beauvais.

M. DCC XLIV.

AVEC PRIVILEGE DU ROY.

LE PRIX EST DE XXX SOLS.

Dardanus, Iliacæ primus Pater Urbis & Auctor,
Electrâ, ut Graii perhibent, Atlantide cretus,
Advehitur Teucros. Æneïd. lib. VIII.

DARDANUS, fils de Jupiter & d'Electre, vint s'établir en Phrygie, & y bâtit la Ville de Troye, de concert avec Teucer, dont il épousa la fille.

ACTEURS, ET ACTRICES
Des Chœurs du Prologue, et de la Tragedie.

CÔTE' DU ROI.		CÔTE' DE LA REINE.	
Mesdemoiselles	*Messieurs*	*Mesdemoiselles*	*Messieurs*
Dun,	Marcelet,	Cartou,	De Serre,
	St. Martin,		Gratin,
Delorge,	Le Page,	Deshaigles,	Le Mesle,
	Fel,		Deshais,
Varquin,	Houbault,	Gondré,	Levasseur,
	Bourque,		Forestier,
Dalemand-C.,	Bornet,	Maçon,	Buseau,
	Gallard,		Duplessis,
Larcher,	Duchêner,	Cartaut,	Belot,
	Chabourd,		Rhone,
Delastre.	Rochette.	De Verneuille.	Margalé.

ACTEURS CHANTANS du Prologue.

VENUS, Mlle Fel.

L'AMOUR, Mlle Coupée.

Suite de L'AMOUR.

LA JALOUSIE, & sa Suite.

ACTEURS DANSANS.

JEUX, ET PLAISIRS.

Messieurs Dangeville, P-Dumoulin;
Mlles Erny, St. Germain, Courcelle, De Verriere.

SUITE DE LA JALOUSIE.

Messieurs Dumay, Malter-C., Monservin,
Dupré, Hamoche, Levoir.

PEUPLES.

Monsieur Matignon;
Mademoiselle Le Breton;

Messieurs Lafeuillade, De Vice;
Mesdemoiselles Minot, Thiery.

PROLOGUE.

PROLOGUE.

Le Théâtre représente le Palais de L'AMOUR à Cythere; On y voit ce dieu sur un trône de fleurs; Venus est à ses côtez; les Graces et les Plaisirs l'environnent, la Jalousie est dans le fonds du théâtre avec les Troubles, les Soupçons, *&c.* qui forment sa suite.

SCENE PREMIERE.

VENUS.

Regnez, Plaisirs, regnez; enchantez ce séjour:
Mon Fils vous doit tous les cœurs qu'il engage:
C'est pour vous y trouver que l'on vient dans sa cour;
Quand on adore l'Amour,
C'est aux Plaisirs qu'on rend hommage.
Vous brillez dans ces lieux, comme on voit dans nos champs
Briller les fleurs nouvelles,
Mais leur éclat passe avec le Printemps:
Pourquoi faut-il, hélas! Que vous passiez comme elles?
Regnez, Plaisirs, &c.

LES PLAISIRS danſent ; mais ils ſont troublez par *La Jalouſie*, & ſa ſuite ; L'AMOUR ſe leve pour appaiſer le tumulte qui s'éleve dans ſon Empire.

L'AMOUR.

Je veux que ſous mes loix tous les cœurs ſoient heureux.
Les Plaiſirs déſormais formeront ſeuls mes nœuds.

Tyran des tendres cœurs, Jalouſie inhumaine,
Soupçons, Troubles cruels, fuyez de ce ſéjour ;
Fuyez, Monſtres affreux qu'on prendroit pour la haine,
Si l'on ne vous trouvoit dans le ſein de l'Amour.

L'AMOUR, ET VENUS.

Plaiſirs, enchaînez-les ; & qu'une paix profonde
Regne à jamais dans ces beaux lieux :
Ils auroient, de l'Amour, fait le tyran du monde ;
Vous en ferez le plus charmant des Dieux.

Pendant que le Chœur répéte ces quatre vers, les Plaiſirs enchaînent dans le fond du Théâtre la Jalouſie, les Troubles, les Soupçons, &c. Ils reviennent danſer autour du Trône de l'Amour ; mais leur danſe, qui a commencé par être vive & legere, ſe ralentit peu-à-peu ; enfin, la langueur augmentant, inſenſiblement, ils s'endorment.

VENUS.

Quel calme ! . . mais Cythere en devient la victime ;
Il va perdre tous ses appas.
Les plaisirs languissans n'ont rien qui les ranime ;
Je vois l'Amour s'endormir dans mes bras.

Plaisirs, Amour, quel sommeil vous accable ?
Mais, hélas ! Je céde à mon tour.
Ah ! Délivrons plutôt la troupe redoutable
Des Tyrans inhumains, enchaînez par l'Amour.

Brisez vos fers, Troupe affreuse & cruelle ;
Accourez, Venus vous appelle.
J'abandonne Cythere à l'horreur qui vous suit.
Dût l'Amour éprouver le plus cruel martyre,
Vous ne pouvez que troubler son Empire ;
Et ce calme perfide, à jamais le détruit.

CHOEUR de la Suite de LA JALOUSIE.

Nos mains forgent les traits les plus forts qu'Amour lance ;
C'est au milieu des pleurs, des cris, des vains desirs,
Que les feux dont il brûle ont plus de violence :
S'il doit ses attraits aux Plaisirs,
C'est à nous qu'il doit sa puissance.

L'AMOUR, & les Plaisirs se réveillent en soupirant, pendant que la Jalousie continuë son ravage.

VENUS.

C'en est trop; gardez-vous d'empoisonner vos traits.
Si par vous cet Empire est durable à jamais,
C'est par les seuls Plaisirs qu'il mérite de l'être.
En ranimant l'Amour, épargnez ses attraits:
Transformez-vous; soyez dignes de vôtre Maître.

Troubles cruels, Soupçons injurieux,
Vous, que l'orgueil nourrit, que le caprice guide,
Qui rendez & l'Amant & l'Amour odieux,
Devenez une ardeur délicate & timide,
Dont le respect épure, et modére les feux:
Inspirez par l'Amour, guidez par sa lumiére,
N'entrez dans les cœurs amoureux,
Que pour y réveiller l'empressement de plaire.

Quand l'Aquilon fougueux s'échape de sa chaîne,
Sur les Mers qu'il ravage, il fait regner la mort;
Mais quand le Dieu des vents, captivant son effort,
Ne lui laisse exhaler qu'une plus douce haleine,
Il seconde le cours des Vaisseaux qu'il entraîne,
Et les conduit au Port.

L'AMOUR.

Mortels, venez joüir des biens que je dispense;
Je vais par mes bienfaits, signaler ma puissance.

Les Mortels de tous les états & de tous les âges, viennent rendre hommage à L'AMOUR.

CHOEUR.

Par tes bienfaits, signale ta puissance.
Triomphe, tendre Amour;
Fais regner à jamais les Plaisirs dans ta Cour.

On danse.

UNE BERGERE.

L'Amour, le seul Amour est le charme des cœurs.
Au Roi le plus puissant, que servent les grandeurs?
A vivre aussi content, un Berger peut prétendre:
Et si pour l'un des deux, le Ciel s'est déclaré,
Celui qu'il a formé plus sensible & plus tendre,
Est celui qu'il a préferé.

On danse.

L'AMOUR.

Pour célébrer ce jour heureux,
Doux Plaisirs, offrez-nous les plus aimables jeux.

Qu'un Spectacle eclatant nous retrace l'Histoire
D'un favori de Mars, enchaîné dans ma Cour!
Quelqu'éclat qu'aux Guerriers présente la victoire,
Un penchant plus flatteur les entraîne à son tour.
Le Préjugé, l'Orgueil, ont enfanté la gloire;
Mais la Nature a fait naître l'amour.

On reprend le Choeur, *Par tes bienfaits*, &c.

FIN DU PROLOGUE.

ACTEURS
DE LA TRAGEDIE.

IPHISE, *Fille de* TEUCER,	Mlle Le Maure.
DARDANUS, *Fils de Jupiter & d'Electre*,	Mr Jelyotte.
ANTE'NOR, *Prince voisin de* TEUCER,	Mr Le Page.
TEUCER, *Roi de Phrygie*, ISME'NOR, *Magicien et Prêtre de Jupiter*,	Mr Chassé.
ARCAS,	Mr Berard.
Une Phrgienne,	Mlle Fel.
VENUS,	Mlle Fel.

La Scene est en Phrygie.

DIVERTISSEMENS de la Tragedie.

PREMIER ACTE.

GUERRIERS.

Monsieur D-Dumoulin;

Monsieur Monservin. Mademoiselle Carville.

Mrs Dumay, Dupré, Dangeville, P-Dumoulin.

PHRYGIENNES.

Mesdemoiselles Rabon, Petit, Erny, Beaufort.

SECOND ACTE.

MAGICIENS.

Messieurs Malter-C., Monservin, Matignon,

Mrs Levoir, Hamoche, Lafeuillade, De Vice, Dumay, Dupré.

TROISIE'ME ACTE.

PHRYGIENS, PHRYGIENNES.

Mademoiselle Camargo;

Messieurs Dumay, Dupré, P-Dumoulin, Dangeville, Malter C. Matignon.

Mesdemoiselles Rabon, Carville, Erny, Fremicour, Dary, Puvigné.

QUATRIE'ME ACTE.

ESPRITS DE LA SUITE D'ISME'NOR.

Mademoiselle Dalmand;
Messieurs Hamoche, Lafeuillade, Levoir, De Vice.
Mesdemoiselles Courcelle, Fremicour, St Germain, Minot.

CINQUIE'ME ACTE.

SUITE DE VENUS.

LES GRACES.

Mesdemoiselles Le Breton, Fremicour, Courcelle.

JEUX, ET PLAISIRS.

Monsieur Dupré;
Messieurs Lafeuillade, Levoir, De Vice.
Mesdemoiselles Rabon, Petit, Erny.
Mesdemoiselles St Germain, Beaufort, Minot.

BERGERS, ET BERGERES.

Mademoiselle Puvigné;
Messieurs Malter-C, Matignon, F-Dumoulin,
Mesdemoiselles Thiery, De Verriere, Puvigné.

DARDANUS,

DARDANUS,
TRAGEDIE.

ACTE PREMIER.

Le Théâtre représente un lieu rempli de Mausolés, élevez à la gloire des plus fameux Guerriers, qui ont péri dans la guerre que les PHRYGIENS font à DARDANUS.

SCENE PREMIERE.

IPHISE.

Cesse, cruel Amour, de regner sur mon ame ;
Ou choisis d'autres traits pour te rendre vainqueur.
Où m'entraîne une aveugle ardeur ?
Un ennemi fatal est l'objet de ma flamme ;
Dardanus a soumis mon cœur.
Cesse, cruel Amour, &c.

Manes infortunez, que ſur la ſombre rive
Précipita ſon bras victorieux,
Rappellez dans mon cœur la raiſon fugitive.
Du fond de ces Tombeaux, que vôtre voix plaintive
S'éleve, & condamne mes feux...
Hélas! votre Ennemi remporte la victoire!
Vous irritez ma flamme, & n'offrez à mes yeux,
Que le ſpectacle de ſa gloire.

SCENE II.

IPHISE, TEUCER.

TEUCER.

MA fille, enfin le Ciel ſeconde mon courroux.
Antenor en ce jour vient ſervir ma vengeance;
C'en eſt fait, Dardanus va tomber ſous nos coups.
L'éclat de nos exploits rejaillira ſur vous.
Mon vaillant défenſeur ne veut pour récompenſe,
Que le titre de votre Epoux.

IPHISE, à part.

Je frémis.

TEUCER.

Le Prince s'avance.

SCENE III.

IPHISE, TEUCER, ANTENOR;
Chœurs de PEUPLES, et de GUERRIERS.

ANTENOR.

Princesse, après l'espoir dont j'ose me flatter,
Je réponds des exploits que je vais entreprendre:
Je combattrai pour vous défendre,
Et pour vous mériter.

IPHISE.

D'un Héros tel que vous, nous devons tout attendre;
Mais... Dardanus est fils du Souverain des Cieux:
Ce Dieu semble veiller au succès de ses armes.

ANTENOR.

S'il est protégé par les Dieux,
Je suis animé par vos charmes.

TEUCER.

Par des nœuds solemnels,
Rendons nôtre union plus sainte & plus certaine.
Pour recevoir nos sermens mutuels,
Que ces Tombeaux servent d'Autels:
Ils sont plus sacrés pour ma haine,
Que les Temples des Immortels.

TEUCER, ET ANTE'NOR.

Manes plaintifs, tristes Victimes,
Nous jurons d'immoler votre fatal Vainqueur.
Dieux, qui nous écoutez, qui punissez les crimes;
C'est vous, qu'atteste ici nôtre juste fureur.

Grands Dieux! De mille maux, accablez le coupable
Qui trahira ses sermens;
Et dans son cœur, pour comble de tourmens,
Faites tonner la voix impitoyable
Des remords dévorans.

Par des Jeux éclatans, consacrez la mémoire
Du jour qui voit former ces nœuds.
Peuples, chantez le jour heureux
Qui va réparer votre gloire.

LES CHOEURS.

Par des Jeux éclatans, consacrons la mémoire
Du jour qui voit former ces nœuds.
Chantons le jour heureux
Qui va réparer notre gloire.

On danse.

UNE PHRYGIENNE, à ANTE'NOR.

Allez, jeune Guerrier, courez à la victoire,
Le prix le plus charmant vous attend au retour.
Que votre sort est doux! vous volez à la gloire,
Sur les aîles du tendre amour.

On danse.

TEUCER, IPHISE, ANTE'NOR, ARCAS.

ENSEMBLE.

Il eſt temps de courir aux armes,
Hâtez-vous généreux guerriers,
Allez au milieu des allarmes
Cueillir les plus brillans lauriers.

CHOEUR.

Il eſt temps de courir aux armes,
Allons au milieu des allarmes
Cueillir les plus brillans lauriers.

ANTE'NOR.

Guerriers, je remplirai bientôt votre eſperance:
Ce jour va couronner la gloire, et la vengeance.

SCENE IV.

IPHISE.

JE céde au trouble affreux qui dévore mon cœur.
De mes ſens égarez puis-je guérir l'erreur?
Conſultons Iſménor : ce Mortel reſpectable
Perce de l'Avenir, les nuages épais.
Heureuſe, s'il pouvoit, par ſon Art ſecourable,
Rappeller dans mon cœur l'innocence & la paix.

FIN DU PREMIER ACTE.

ACTE SECOND.

Le Théâtre représente une Solitude ; On voit un Temple dans l'enfoncement.

SCENE PREMIERE.

ISME'NOR.

Tout l'Avenir est présent à mes yeux.
Une suprême intelligence
Me soûmet les Enfers, et la Terre, et les Cieux.
L'Univers étonné se taist en ma présence.
Mon Art m'égale aux Dieux.
Cet Art mystérieux
Est un rayon de leur toute-puissance.
On vient... c'est Dardanus.

SCENE II.

ISME'NOR, DARDANUS.

ISME'NOR.

Est-ce vous que je vois?
Dans ces lieux ennemis, quel dessein vous améne?
Du barbare Teucer, tout suit ici les loix:
Fuyez. Pourquoi chercher une perte certaine.

DARDANUS.

Non, vos conseils sont vains.
Un intérêt trop cher auprès de vous m'entraîne.
Mon repos, mon bonheur, ma vie est dans vos mains.

ISME'NOR.

Vous trouverez en moi l'ami le plus fidéle.
Dans les horreurs d'une guerre cruelle,
Vous avez respecté ce tranquile séjour;
Azile heureux, qu'a consacré mon zéle
Au Dieu puissant dont vous tenez le jour!

A remplir vos vœux tout m'engage.
Le Sang dont vous sortez, l'éclat de vos travaux:
C'est, au Dieu que je sers, offrir un double hommage:
Que secourir son Fils, et servir un Héros.

DARDANUS.

DARDANUS.

Un malheureux amour me trouble & me dévore:
La fille de Teucer est l'objet que j'adore.

ISME'NOR.

O Ciel! Dans quelle chaîne êtes-vous arrêté?

DARDANUS.

Vous la vîtes soûmise au pouvoir de mes armes;
Je luy rendis la liberté.
L'Amour parloit envain; je bravai tous ses charmes;
Je cachai les transports dont j'étois agité.

D'un Amant empressé lui parler le langage,
C'étoit me prévaloir du titre de Vainqueur;
Et je ne veux, pour obtenir son cœur,
Employer d'autre avantage
Que l'excès de mon ardeur.

ISME'NOR.

Iphise doit bientôt venir dans ce boccage.

DARDANUS.

Je l'ai sçû; jai volé; j'ai devancé ses pas.
Souffrez-moi dans ces lieux: j'y verrai ses appas.
C'est un charme suprême
Qui suspendra mon tourment.
Eh! Quel bien vaut pour un amant,
Le plaisir de voir ce qu'il aime!

ISME'NOR.

Prince, étouffez plûtôt d'inutiles desirs.
Quand Iphise, à vos feux, pourroit être sensible,
Vous connoissez Teucer & sa haine infléxible;
Croyez-vous qu'il voulût couronner vos soûpirs.

DARDANUS.

Si je croyois qu'Iphise approuvât ma tendresse,
Abandonnant mes droits, tout Vainqueur que je suis;
De Teucer aisément j'obtiendrois ma Princesse;
Et l'hymen couronnant le beau feu qui me presse,
Deviendroit, de la Paix, et le gage & le prix.

ISME'NOR.

C'en est fait, l'amitié m'entraîne;
Je céde à vos vœux empressez:
Mais de vos Ennemis il faut tromper la haine.

Entendez ma voix souveraine,
Ministres de mon art, hâtez-vous, paroissez.

SCENE III.

ISME'NOR, DARDANUS;

Chœur des Magiciens.

ISME'NOR.

HAtez-vous; commençons nos terribles mysteres;
Et que vos magiques concerts,
Du sein de ces lieux solitaires
Retentissent jusqu'aux Enfers.

CHOEUR, *Hâtons-nous; commençons*, &c.

ISME'NOR.

Suspens ta brillante carriere,
Soleil, cache à nos yeux tes feux étincelans.
Qu'à l'Univers, troublé par nos enchantemens,
L'Astre seul de la nuit dispense la lumiére.

Le Théâtre s'obscurcit.

CHOEUR, *Hâtons-nous; achevons*, &c.

ISME'NOR.

Nos cris ont pénétré jusqu'au sombre séjour.
Pour nous mieux obéir, les Deitez cruelles
Cessent de tourmenter les Ombres criminelles:
Je les vois, à nos vœux, être à regret fidelles,
Et frémir de servir l'Amour.

C'en est fait ; le succès passe mon espérance.

ISMÉNOR,

donnant à DARDANUS sa Baguette de magicien.

Prenez ce Don mystérieux.
Vous allez, sous mes traits, abuser tous les yeux ;
Mais le Destin a borné ma puissance :
Si vous l'osez quitter, n'esperez plus en moi.
Le charme cesse, et le péril commence.
Telle est du Sort l'irrévocable loi.

CHOEUR.

Obéis aux loix des Enfers,
Ou ta perte est certaine.
En voyant la Beauté, dont tu portes les fers,
Résiste à l'amour qui t'enchaîne.

Songe que sous les fleurs où le plaisir t'entraîne,
Des gouffres profonds sont ouverts.

ISMÉNOR.

Quelqu'un vient. Il est temps qu'en ces lieux je vous laisse :
Sur tout, contraignez-vous, en voyant la Princesse.

SCENE IV.

ANTE'NOR, DARDANUS, ſous les traits d'ISME'NOR.

ANTE'NOR.

Je viens vous confier le trouble de mon cœur.
Peut-être, je devrois rougir de ma foibleſſe:
Mais je ſuis entraîné par un charme vainqueur.
J'aime Iphiſe. A mes feux ſon Pere eſt favorable:
Bientôt je ſerai ſon epoux.

DARDANUS, ſous les traits d'ISME'NOR. à part.

L'Hymen doit vous unir!... O ſort impitoyable!

ANTE'NOR.

Pour obtenir du Roy l'aveu d'un bien ſi doux,
Je viens de m'engager à ſervir ſon courroux
Contre l'Ennemi qui l'accable:
J'eſpere voir bien-tôt ce guerrier redoutable
Périr, et tomber ſous mes coups.

DARDANUS, ſous les traits d'Iſménor, à part.

J'ai peine à retenir les tranſports qu'il m'inſpire.

à ANTE'NOR, d'un air animé.

Le ſort que je puis vous prédire...

ANTE'NOR.

Je ne veux point prévoir le ſuccès qui m'attend.
Ce n'eſt pas ce deſſein qui près de vous me guide.
Un eſprit curieux marque une ame timide;
Et j'apprendrai mon ſort, en combattant.

Si je suis allarmé, ce n'est que pour ma flamme.
La Princesse a paru peu sensible à mes feux ;
Par vôtre art, aisément vous lirez dans son ame.
Serois-je traversé par un Rival heureux ?

DARDANUS, sous les traits d'Isménor.

Elle aime ! A qui son cœur céde-t'il la victoire ?
Sur quoi fondez-vous ces soupçons ?

ANTENOR.

Je le crains assez pour le croire.
L'Amour, pour s'allarmer, manque-t'il de raisons ?

DARDANUS, sous les traits d'Isménor.

Je veux observer tout avec un soin extrême.
Si vos feux sont troublez par un heureux Rival,
Croyez qu'à pénétrer ce mystere fatal
Je prends un intérêt, aussi grand que vous-même.

ANTENOR.

Iphise vient ; je fuis ; j'ai pris soin de cacher
Qu'en ces lieux écartés, je venois vous chercher.

SCENE V.

IPHISE, DARDANUS, sous les traits d'Isménor.

DARDANUS, sous les traits d'Isménor, à part.

JE la vois. Quels transports ont passé dans mon ame.
Contraignons, s'il se peut, mes regards amoureux,
Malgré l'enchantement qui me cache à ses yeux,
Ils trahiroient le secret de ma flamme !

à IPHISE.

Princesse, quel dessein vous conduit dans ces lieux ?

IPHISE.

Hélas !

DARDANUS, sous les traits d'Isménor.

Vous soûpirez ?

IPHISE.

Que viens-je vous apprendre ?
Ah ! si je vous ouvre mon cœur,
Vous me verrez avec horreur ;
Et vous frémirez de m'entendre.

DARDANUS, sous les traits d'Isménor.

Où tend, de ce discours le sens mystérieux ?

IPHISE.

Il faut donc révéler ce secret odieux.
Par l'effort de vôtre art terrible,
Vous ouvrez les Tombaux, vous armez les Enfers ;
Vous pouvez, d'un seul mot, ébranler l'Univers.
A cet Art tout-puissant n'est-il rien d'impossible ?
Et... s'il étoit un cœur... trop foible... trop sensible...
Dans de funestes nœuds... malgré lui, retenu...
Pourriez-vous ?...

DARDANUS, sous les traits d'Isménor.

Vous aimez ? O Ciel ! Qu'ai-je entendu !

IPHISE.

Si vous êtes surpris, en apprenant ma flamme,
De quelle horreur serez-vous prévenu,
Quand vous sçaurez l'Objet qui regne sur mon ame ?

DARDANUS, ſous les traits d'Iſménor.

à part. à IPHISE.

Je tremble... je frémis... Quel eſt vôtre vainqueur?

IPHISE.

Le croirez-vous? ce Héros redoutable,
Ce Guerrier, qu'à jamais la haine impitoyable
Devoit éloigner de mon cœur...

DARDANUS, ſous les traits d'Iſménor.

Achevez... Dardanus?..

IPHISE.

Luy-même.
D'un penchant ſi fatal rien n'a pû me guérir.
Jugez à quel excez je l'aime,
En voyant à quel point je devrois le haïr.
Arrachez de mon cœur un trait qui le déchire.
Je ſens que ma foibleſſe augmente chaque jour.
De ma triſte raiſon rétabliſſez l'empire;
Et rendez-lui ſes droits uſurpez par l'amour.

DARDANUS, ſous les traits d'Iſménor.

Dieux! Qu'éxigez-vous de mon zéle?
Ah! ſi de vôtre cœur je pouvois diſpoſer,
J'atteſte de l'Amour la puiſſance immortelle,
Je voudrois reſſerrer une chaîne ſi belle,
Loin de ſonger à la briſer.

IPHISE.

IPHISE.

Ciel!

DARDANUS, ſous les traits d'Iſménor.

Pourquoi balancer encore?
Quelles barbares loix ſe preſcrit vôtre cœur!
Que Dardanus eſt loin d'une ſi triſte erreur!
Vous voulez le haïr? Ingrate, il vous adore.

IPHISE.

Qu'entends-je?

DARDANUS, ſous les traits d'Iſménor.

Oui, vous regnez dans ſon cœur.
Que ne puis-je exprimer tout l'amour qui l'anime?
Loin de vous reprocher l'excez de vôtre ardeur,
D'aimer ſi foiblement vous vous feriez un crime.

IPHISE.

Quels funeſtes conſeils oſez-vous m'adreſſer?
Voulez-vous, Miniſtre infidelle,
Envenimer le trait que je veux repouſſer?
Fuyons.

DARDANUS, ſous les traits d'Iſménor.

Où courez-vous, Cruelle?
Ah! connoiſſez du moins celui que vous fuyez.
Arrêtez; voyez à vos pieds...

Il jette la Baguette enchantée, & reparoît ſous ſes traits.

IPHISE.

Que vois-je? Dardanus!

DARDANUS.

Vous fuyez, Inhumaine?
Et la voix d'un amant ne peut vous arrêter?

IPHISE.

C'eſt un crime pour moi que de vous écouter.

DARDANUS.

Quel mélange fatal de tendreſſe & de haine!

IPHISE.

Quelle haine, grands Dieux!

DARDANUS.

Vous voulez me quitter!
Croirai-je que l'amour ait pû toucher vôtre ame?

IPHISE.

Vous triomphez envain d'avoir connu ma flamme:
C'eſt un motif de plus pour la dompter.

DARDANUS.

Arrêtez...

SCENE VI.

DARDANUS.

ELle fuit! mais j'ai vû ſa tendreſſe:
Mon ſort a trop d'appas.

Quittons ces lieux, l'amour n'y retient plus mes pas;
Et le péril renaît, lorſque le charme ceſſe.

Mais duſſai-je périr; j'ai connu ſa tendreſſe,
Mon ſort a trop d'appas.

FIN DU SECOND ACTE.

ACTE TROISIÉME.

Le théâtre représente le vestibule du palais DE TEUCER.

SCENE PREMIERE.

Le peuple vient en foule environner le palais de TEUCER ; Les danseurs courent tantôt d'un côté ; tantôt de l'autre, pour épier de quel côté le Roi pourra paroître.

CHOEUR.

Dardanus gémit dans nos fers ,
Qu'il périsse , qu'on l'immole ,
Que la vengeance nous console
Des maux que nous avons soufferts.

SCENE II.

TEUCER, ANTE'NOR, ARCAS, le Peuple.

TEUCER.

Où courez-vous ! Arrêtez téméraires !

CHOEUR.

Livrez-nous Dardanus, vous devez nous venger,
Dans les flots de son sang laissez-nous nous plonger.

TEUCER.

Si c'est un bien si doux pour vos cœurs sanguinaires,
Que ne l'immoliez vous au milieu des combats,
Quand la gloire servoit de voile à la vengeance,
Lâches, pourquoi n'osiez vous pas, soutenir sa présence?
Vos cœurs dans la haine affermis
Trouvoient-ils ces transports alors moins légitimes?
Ne savez-vous qu'égorger des victimes,
Et n'osez vous frapper vos ennemis?

Après un moment de silence.

Rougissez d'un transport barbare,
Allez, et par d'aimables jeux
Que chacun se prépare
A célébrer ce jour heureux.

SCENE III.

TEUCER, ANTE'NOR, ARCAS.

ANTE'NOR.

DEviez-vous réprimer l'ardeur qui les entraîne?
Par d'injustes refus leurs cœurs seront aigris.

TEUCER.

Si je ne croyois que ma haine,
Je me serois vengé sans attendre leurs cris.
Mais, contre un ennemi captif & sans défense,
Abuser lâchement du sort qui l'a surpris,
Ce n'est point effacer, c'est mériter l'offense,
Je ne veux point de vengeance à ce prix.

ANTE'NOR.

Si ce fier ennemi ne cause plus d'allarmes,
Songez que c'est l'amour qui seul l'a désarmé,
Il voloit près d'Iphise, attiré par ses charmes,
Il l'adore; à son sort elle a donné des larmes;
C'est peu d'oser aimer, peut-être est-il aimé.

TEUCER.

Prince, l'amour jaloux est un guide infidéle,
Et le flambeau qu'il tient brûle aulieu d'éclairer.
Mais je veux qu'en ce jour, une chaîne eternelle
Soit le prix de l'amour qui vous fait soupirer.

La Princesse paroît, annoncez-lui, vous-même,
Les desseins d'un pere qui l'aime.

SCENE IV.

ANTE'NOR, ARCAS, IPHISE au fond du théâtre.

ANTE'NOR.

Elle gémit, ses yeux se remplissent de pleurs,
Qui, même en m'outrageant, m'interressent pour elle;
Que je hais mon rival, en la voyant si belle!
Pour la mieux observer, cachons-lui mes fureurs.

IPHISE s'avance.

à IPHISE.

Princesse, enfin le ciel seconde mon attente,
Teucer comble mes plus doux vœux,
Il consent qu'un himen heureux
Couronne dès ce jour ma flamme impatiente.

IPHISE, à part.

Malheureuse, cachons mon trouble & mes soupirs.

à ANTE'NOR.

Les horreurs de la guerre environnent nos villes,
Est-il temps de songer à chercher les plaisirs?
L'Himen, comme l'Amour, veut des jours plus tranquilles.

ANTE'NOR.

Dardanus dans les fers n'est plus à redouter,
Si, pour vous rassurer, vous voulez qu'il périsse,
Parlez, et pour vous mériter,
De Teucer aisément j'obtiendrai son supplice.

IPHISE.

Ah! Qu'osez-vous penser, quels projets odieux!
Sa mort seroit un crime,
Et l'éternel opprobre de ces lieux.

ANTE'NOR.

Cessez de vous parer de ces soins spécieux;
Notre intérêt n'est rien, l'Amour seul vous anime.

IPHISE.

Qu'osez-vous dire, hélas!

ANTE'NOR.

De vos sens éperdus
Le désordre trahit votre flamme coupable:
La verité terrible, en m'éclairant, m'accable:
Ingrate, il est donc vrai, vous aimez Dardanus?

IPHISE.

Juste ciel!

ANTE'NOR.

Vous l'aimez, et je n'en doute plus.

Le déſeſpoir, et la rage cruelle
S'emparent de mon cœur, ſans en bannir l'amour ;
Mais mon rival dumoins, vous perdra ſans retour,
Aux autels de l'Himen la vengeance m'appelle.
Là, ſous des auſpices affreux
Nous recevrons les plus peſantes chaînes,
J'ai perdu l'eſpoir d'être heureux,
Je ne veux plus ſonger qu'à jouir de vos peines.

IPHISE.

Et moi, ſi vous preſſez cet himen odieux ;
Dans le même moment, aux autels, à vos yeux,
C'eſt mon cœur qui vous le déclare,
La mort rompra les triſtes nœuds
Que votre fureur me prépare ;
Tu veux être vengé, tu le ſeras, Barbare,
Au-delà de tes vœux.

ANTE'NOR.

Cruelle !

SCENE V.

ANTE'NOR, ARCAS.

ANTE'NOR.

C'En est trop, le transport qui m'anime
Ne se peut plus renfermer dans mon cœur;
Il faut le perdre, Arcas, et servir ma fureur.

ARCAS.

Sa garde m'obéit, parlez, votre victime,
Dès cette nuit, expire sous mes coups...
Vous ne répondez rien... Eh, quoi! Balancez-vous?

ANTE'NOR.

Malgré l'Amour jaloux, un remord légitime
Eléve dans mon cœur ses cris impérieux;
C'est la premiere fois que j'ai suivi le crime,
Je marche, en frémissant, dans ce sentier affreux;
Mais n'importe! L'Amour est tout ce que j'écoute.
Qu'un rival odieux excite mon courroux!
Jusques aux remords qu'il me coute,
Tout redouble ma rage & mes transports jaloux.

ARCAS.

Laissez agir mon zéle, et sa perte est certaine.

ANTE'NOR.

Non, d'un voile plus sombre il faut couvrir ma haine:
Iphise, s'il périt, peut étcindre ses feux,
Mais je serois vengé, sans être plus heureux,
Si je ne cache pas le piége où je l'entraîne.

ARCAS.

Seigneur...

ANTE'NOR.

Le peuple avance, & remplit ce palais:
Viens, je veux, sans témoins, t'expliquer mes projets.

SCENE VI.

PHRYGIENS, ET PHRYGIENNE.

CHOEUR.

Que l'on chante, que l'on s'empresse;
Quel triomphe! Quel jour heureux!
Qu'avec la paix l'amour renaisse;
Que tous les deux fassent sans cesse
Régner les plaisirs & les jeux.

On danse.

UNE PHRYGIENNE.

De mirthes couronnez vos têtes,
Les Amours remplissent ces lieux;
Le doux plaisir qui régne dans nos fêtes
Aide au triomphe de ces dieux.
Ici tout soupire,
Tout suit son empire,

L'Amant, rempli de son ardeur,
Y cherche l'objet qu'il adore,
Celui qui n'aime pas encore
Y cherche sa défaite, et rencontre un vainqueur.

De mirthes, couronnez vos têtes,
Les Amours remplissent ces lieux;
Le doux plaisir qui régne dans nos fêtes
Aide au triomphe de ces dieux.

On danse.

UNE PHRYGIENNE.

Volez, Plaisirs, volez;
Amour, prête-leur tes charmes;
Répare les allarmes
Qui nous ont troublez.
Que ton empire est doux!
Viens, enchaîne-nous,
Nous voulons tous
Sentir tes coups:
Mais ne lance plus que des traits
Qui rendent contens
Les amans. On danse.

CHOEUR.

Chantons tous,
Un sort plus doux
Tarit nos larmes;
O l'heureux jour!

La paix revient dans ce séjour ;
O l'heureux jour !
Son retour
A fait cesser le bruit des armes,
Bellonne fuit,
Un beau jour luit :
Jeux seduisans,
Plaisirs charmans,
Venez remplir tous nos momens.

FIN DU TROISIÉME ACTE.

ACTE QUATRIÉME.

Le théâtre repréſente la priſon de DARDANUS.

SCENE PREMIERE.

DARDANUS.

Lieux funeſtes, où tout reſpire
La honte & la douleur,
Du déſeſpoir ſombre & cruel empire,
L'horreur que votre aſpect m'inſpire
Eſt le moindre des maux qui déchirent mon cœur.
L'objet de tant d'amour, la beauté qui m'engage,
Le ſceptre que je perds, ce prix de mes travaux,
Tout va de mon rival devenir le partage,
Tandis que, dans les fers, je n'ai que mon courage
Qui réſiſte à peine à mes maux.

Lieux funeſtes, &c.

ISMENOR descend dans un char brillant.

Quels sons mélodieux... Quelle clarté nouvelle!
O ciel, c'est Isménor.

SCENE II.

DARDANUS, ISMÉNOR.

DARDANUS.

AMi tendre & fidéle,
Vous n'oubliez donc pas un Prince malheureux.

ISMENOR.

Que ne puis-je adoucir vos destins rigoureux?
Mais vous avez, vous-même, enchaîné ma puissance.
Vos malheurs, cependant, ne sont pas sans retour.
Le dieu qui fait aimer a causé votre offense,
Des destins irritez qu'il calme la vengeance;
J'aurois déja pour vous réclamé sa clémence,
Mais la voix d'un amant fléchira mieux l'Amour.
Le sort, qui soumet tout à ses loix souveraines,
Ne peut rien sur un cœur dont l'amour est l'appui,
Dès qu'il veut dispenser les plaisirs ou les peines,
Les dieux, et les destins se taisent devant lui.

Tristes lieux, dépouillez votre horreur ténébreuse,
Esprits, qui me servez, volez du haut des airs,
Parez de mille attraits cette demeure affreuse;
Pour implorer l'Amour, formez de doux concerts.

Le théâtre est éclairé, les Esprits soumis à ISME'NOR volent à sa voix, et les murs de la prison sont cachez par des nuages brillans.

ISME'NOR, DARDANUS, et le CHOEUR DES ESPRITS.

Viens écouter nos vœux, vole dans ce séjour;
Vole Amour, à nos voix hâte-toi de descendre,
Le sort a triomphé de l'amant le plus tendre,
Triomphe du sort à ton tour.

ISME'NOR, ET DARDANUS.

Tu dois terminer dès ce jour
Lexcès de {ses / mes} peines cruelles,
C'est le bonheur des cœurs fidéles
Qui fait la gloire de l'Amour.

Viens écouter nos vœux, vole dans ce séjour,
Vole Amour, à nos voix hâte-toi de descendre,
Le sort a triomphé de l'amant le plus tendre,
Triomphe du sort à ton tour.

On danse.

On entend une Symphonie douce & tendre.

ISME'NOR.

L'Amour reçoit un hommage si tendre,
A des sons si flatteurs, à ces concerts charmans
Reconnoissez ce dieu, qui veut vous faire entendre
Qu'il est sensible à vos tourmens;
Le plus fidéle des amans
A la voix de l'Amour ne doit pas se méprendre.

DARDANUS.

Ces accens de mes maux suspendent la rigueur,
Ils enchantent mes sens, ils enlévent mon ame;
Et l'espoir, comme un trait de flamme,
Pénétre avec eux dans mon cœur.

ISME'NOR.

Quel transport me saisit! Quel éclat de lumiere!
Par ce dieu tout puissant je me sens agité,
Et son feu divin qui m'éclaire
Du plus sombre avenir perce l'obscurité.
Les dieux vont retirer le bras qui vous opprime,
Mais en brisant vos fers, de la rigueur du sort
Votre liberateur deviendra la victime,
Et votre vie est l'arrêt de sa mort.

DARDANUS.

DARDANUS.

Je ne souffrirai point qu'un innocent périsse,
Non je n'accepte pas ce secours odieux,
Et je serai plus juste que les dieux.

ISMENOR.

Soit que le ciel récompense ou punisse,
C'est aux mortels d'adorer ses decrets.
Gardons-nous d'élever des regards indiscrets
Jusqu'au trône de sa justice.
Soit que le ciel récompense ou punisse,
C'est aux mortels d'adorer ses decrets.
Il faut nous séparer, un nouveau soin m'appelle,
Esperez, votre sort va prendre un autre cours.

Le théâtre reparoît dans son premier éclat.

DARDANUS.

Puis-je à ce prix affreux vouloir sauver mes jours,
Le ciel semble insulter à ma douleur mortelle...

On entend du bruit.

Qui peut porter ses pas dans ces lieux pleins d'horreur.
Dieux, fermez-en l'entrée à mon liberateur.

SCENE III.

IPHISE, DARDANUS,
Un garde qui apporte une épée.

IPHISE.

JE viens briser une chaîne cruelle,
Fuyez, suivez les pas de ce guide fidéle;
On menace vos jours, ménagez les momens.

DARDANUS.

Qu'avez-vous fait, ô ciel! Justes dieux, que j'ateste,
Ne la punissez pas de ce projet funeste,
Redoublez plutôt mes tourmens.

IPHISE.

Que dites-vous? Et quelle est votre envie?
Le jour vous est-il odieux!

DARDANUS.

Le soin que vous prenez de mes jours malheureux
Me fait trop bien sentir tout le prix de la vie;
Mais c'en est fait, j'attens ici la mort,
Un oracle terrible a decidé mon sort.

IPHISE.

Achevez... Quelles ſont les horreurs qu'il m'aprête!

DARDANUS.

Si des dieux par vos ſoins je trompe le courroux,
Si vous conjurez la tempête,
Le trait qui m'attendoit retombera ſur vous.

IPHISE.

Ah! N'importe, vivez.

DARDANUS.

Dieux! Quelle eſt votre attente!

IPHISE.

Si je puis vous ſauver je mourrai trop contente.

DARDANUS.

Eſt-ce-là me ſauver? Ah! j'en frémis d'effroi,
Eh! Quel coup plus affreux pourroit tomber ſur moi!

IPHISE.

Eh bien! Si vous ſentez quelle eſt l'horreur extrême
De voir expirer ce qu'on aime,
M'oſez-vous condamner à ſuporter des coups
Que vous redoutez pour vous-même!
Me croyez vous plus forte, ou moins tendre que vous!

ENSEMBLE.

Frappez, Dieux tout-puissans, que mon trépas délivre
L'objet qui régne sur mon cœur.
Je demande la mort, avec la même ardeur
Que l'on demande à vivre.

On entend un bruit de guerre.

IPHISE.

Cruel... Mais quels sons éclatans!...

DARDANUS.

L'air retentit au loin du bruit affreux des armes;...

IPHISE.

J'écoute en frémissant, ... tout accroît mes allarmes..
Vous avez résisté trop long-temps à mes larmes;
Tout est perdu, sans doute il n'est plus temps.

DARDANUS.

Au nom du tendre Amour éloignez-vous, Princesse,
Epargnez-moi vos pleurs dans ces momens affreux.

IPHISE.

Votre rival paroît, c'en est donc fait, grands Dieux!

SCENE IV.

IPHISE, DARDANUS, ANTE'NOR blessé.

ANTE'NOR.

Calmez le trouble qui vous presse,
Vous me voyez guidé par un juste remord.

à DARDANUS.

Tu les entens, ces cris, ce tumulte des armes;
Tes soldats dans nos murs raménent les allarmes,
Ils plioient cependant, quand j'ai reçu la mort.

DARDANUS.

Que ne puis-je, moi-même, animer leur courage?

ANTE'NOR.

Attens, .. La trahison environne ces lieux;
Je brisois seul tes fers, mais pour te perdre mieux.
La Princesse, elle-même, achevoit mon ouvrage,
Des traitres, par mon ordre, offroient de la servir,
C'est par moi qu'à sa voix ces lieux sembloient s'ouvrir,
Mais pour percer ton cœur on t'attend au passage.
Suis mes pas, je te veux sauver de leurs fureurs.
Mais le Destin jaloux... je m'affoiblis, ... je meurs...

DARDANUS, prenant l'épée du garde.

Ce ne sont plus vos jours que l'oracle menace,
Mon sort ne dépend plus que de ma seule audace.

IPHISE.

Ah ! Quel effroi nouveau pour mes sens éperdus !
Quel péril...

DARDANUS.

Revenez de ces frayeurs extrêmes :
Des traitres qu'on prévient sont à demi vaincus.

Il sort.

IPHISE.

Arrêtez... mais il fuit, il ne m'écoute plus.
Ciel ! Quel sera son sort ! Je frissonne, je tremble...
Je prévois & je sens tous les malheurs ensemble.

FIN DU QUATRIEME ACTE.

On entend pendant l'entr'Acte, le bruit d'un combat.

ACTE CINQUIÉME.

Le théâtre représente le vestibule du palais de TEUCER.

SCENE PREMIERE.

IPHISE.

CIel ! Quelle horreur régne de toutes parts !
La victoire & la mort renversent nos remparts.
Dieux, que pour Dardanus imploroient mes allarmes,
N'aviez-vous qu'un moyen pour exaucer mes vœux,
Il vit, hélas ! Mais à quel prix affreux !
Vous n'avez donc changé que l'objet de mes larmes.
Peut-être en ce moment, sous le fer inhumain
Mon pere... j'en frémis... je connois son courage ;
Sans doute il voit finir son malheureux destin ;
Ciel, daigne détourner cet horrible présage.

SCENE II.

DARDANUS, IPHISE.

DARDANUS.

Belle Princesse enfin, pour arriver à vous
La victoire m'ouvre un passage.

IPHISE.

Ah! C'en est fait... mon pere expire sous vos coups.

DARDANUS.

Nos traits l'ont respecté dans l'horreur du carnage,
Et ce sang précieux ne souille point l'hommage
Que vient vous offrir mon amour.

IPHISE.

Arrêtez, connoissez tout mon cœur en ce jour.
Quand j'ai voulu briser votre chaîne cruelle,
J'ai crû pouvoir, sans être criminelle,
D'un amour sans espoir calmer le juste effroi;
Vos périls sont passez, mon devoir me rapelle,
Je vous sauvois pour vous, Prince, et non pas pour moi.

DARDANUS.

DARDANUS.

Teucer est-il donc inflexible?

IPHISE.

Je le connois, envain nous voudrons l'attendrir,
Au sein de la victoire il seroit moins terrible,
Et l'ame qui pardonne est peu faite à flechir.
Il faut céder à notre sort funeste,
Par mon pere à jamais nous serons séparez;
Je suis le seul bien qui lui reste,
La rigueur de son sort rend ses droits plus sacrez.

DARDANUS.

Ah! Vous ne m'aimez plus.

IPHISE.

Croyez que je vous aime,
Mon cœur ne fut jamais brulé de tant de feux;
Mais il faut suivre un devoir rigoureux,
Et m'arracher à vous, ou plutôt à moi-même;
Que du destin pour nous l'injustice est extrême.
Je lui pardonnerois si vous étiez heureux.

ENSEMBLE.

Les regrets que je coute à votre ame attendrie
M'accablent plus que mes malheurs,
Que ne puis-je, en donnant ma vie,
Tarir la source de vos pleurs.

SCENE III.

IPHISE, DARDANUS, TEUCER environné de soldats qui lui arrachent son épée, dont il vouloit se percer.

TEUCER.

Quels odieux secours? Cessez, troupe inhumaine,
Ah! Rendez-moi ce fer pour en percer mon cœur.

à DARDANUS.

Tu portes à l'excès ton audace & ta haine,
On me force de vivre, à tes yeux on m'entraîne,
Poursuis vainqueur superbe, insulte à mes revers,
J'aime ce vain orgueil qui souille ta victoire,
Tu partages, dumoins, par l'abus de ta gloire,
L'opprobre humiliant dont tu nous a couverts.

DARDANUS.

Connoissez mieux un cœur qui vous admire;
Régnez, et reprenez le pouvoir souverain,
Si vous daignez le tenir de ma main,
Cette grace pour moi vaudra tout votre empire.

TEUCER.

Non, tu crois m'éblouir, mais je vois ton dessein;
L'Amour me fait des dons, et l'orgueil me pardonne,
Ta générosité vend les biens qu'elle donne,
Mais rien ne changera ton sort, ni mon destin;

Garde tes vains présens, ta main les empoisonne...
Il en est cependant que j'attendrois de toi.

DARDANUS.

Ordonnez, exigez, vous pouvez tout sur moi.

TEUCER.

De tout ce qu'en ce jour m'enléve ta victoire,
Mon cœur n'a regretté que ma fille & ma gloire,
Mais tu peux réparer ces tristes coups du sort,
Rends la Princesse libre, et me permets la mort:

IPHISE.

Dieux, daignez détourner l'horreur qui se prépare.

DARDANUS.

Rien ne peut vous fléchir, je le vois trop, barbare,
Plus féroce que grand, votre cœur indomté
Prend sa haîne pour du courage,
Et sa fureur pour de la fermeté.
Iphise est libre & l'a toujours été;
Pour vous, prenez ce fer...

Ici DARDANUS présente son épée à TEUCER, mais il ne la lui abandonne qu'au dernier vers.

Mais j'en prescris l'usage,
Songez sous quelles loix il vous est présenté,
Frappez, votre ennemi se livre à votre rage.

TEUCER.

Juſte ciel !

IPHISE.

Arrêtez...

DARDANUS.

Qu'au gré de vos fureurs
Dans mon ſang malheureux votre injure s'éfface ?
Frappez, en vous vengeant, vos coups me feront grace.

TEUCER.

Que fais-tu ?

IPHISE.

Serez-vous inſenſible à mes pleurs.

TEUCER.

Ma fille, c'en eſt trop, il faut enfin ſe rendre,
Dardanus eſt donc fait pour triompher toujours,
Je rougis ſeulement d'avoir pû me deffendre.

IPHISE, ET DARDANUS.

Vous aſſurez le bonheur de nos jours.

Symphonie gracieuſe.

TEUCER.

Mais quels concerts ſe font entendre ?

IPHISE.

Un jour plus pur embellit l'univers.

DARDANUS.

Je vois les doux Plaiſirs faire éclore & répandre
Mille nouvelles fleurs qui parfument les airs.

TEUCER, IPHISE, DARDANUS.

C'est le bruit flatteur de leurs aîles
Qui forme ces concerts, ces sons mélodieux,
C'est la mere d'Amour, c'est la reine des belles
Qui descend dans ces lieux.

SCENE IV.

VENUS descend dans une gloire, les Amours & les Plaisirs l'accompagnent, et sément des fleurs sur son passage. Les Acteurs précédens.

PHRYGIENS, ET PHRYGIENNES.

VENUS.

Pour célébrer les feux d'un fils qu'il aime
Le souverain des dieux m'appelle en ces climats;
Etonné de suivre mes pas
L'Hymen vole avec moi, conduit par l'Amour même:
Peuples, chantez les traits charmans
Que l'Amour lance dans les ames,
En célébrant d'heureux amans
Laissez-vous brûler de leurs flammes.

Marche du peuple.

TEUCER, DARDANUS, et le Chœur.

{Chantez / Chantons} la Reine de cythere,
Que {vos / nos} chans volent jusqu'aux cieux?
Régne Amour, régne dans ces lieux,
Et que ton flambeau nous éclaire.

On danse.

DARDANUS.

Triomphe Amour, un jour si beau
Va d'un nouvel éclat faire briller ta gloire;
L'Hymen n'allume son flambeau
Que pour éclairer ta victoire.

Nos cœurs ne sont pas ta conquête,
Hymen, ce n'est pas toi qui comble nos desirs,
Tu n'es que le Dieu de la fête,
L'Amour est le dieu des plaisirs.

Triomphe Amour, un jour si beau
Va d'un nouvel éclat faire briller ta gloire;
L'Hymen n'allume son flambeau
Que pour éclairer ta victoire.

On danse.

VENUS.

Quittez, Bergers, vos paisibles retraites,
Accourez à ma voix dans cet heureux séjour:
Le son de vos douces Musettes
Est fait pour célébrer l'Amour.

SCENE V.

Les Acteurs précédens, BERGERS & BERGERES qui entrent en dansant.

CHOEUR.

CHantons dans ce beau séjour,
Chantons la Mere d'amour.
Venez Plaisirs,
Venez, et fixez nos desirs.

On danse.

VENUS.

Non, ce n'est qu'aux amans heureux
Que la nature paroît belle,
C'est pour eux seuls que Zéphire amoureux
Fait éclore la fleur nouvelle ;
Le Rossignol ne chante que pour eux.

On danse.

FIN.

APROBATION.

J'Ai lû par ordre de monseigneur le Chancelier, une nouvelle Edition *de l'Opera de Dardanus*, avec des Changemens considérables A Versailles, ce 15 avril 1744. DE MONCRIF.

PRIVILEGE DU ROY.

LOUIS par la grace de Dieu, Roy de France & de Navarre: A nos amez & feaux Conseillers, les Gens tenans nos Cours de Parlement, Maîtres des Requêtes ordinaires de nôtre Hôtel, Grand Conseil, Prevôt de Paris, Baillifs, Sénéchaux, leurs Lieutenans-Civils, & autres nos Justiciers qu'il appartiendra, Salut. Nôtre cher & bien amé le Sieur LOUIS-ARMAND-EUGENE DE THURET, cy-devant Capitaine au Regiment de Picardie; Nous a fait représenter que, par Arrest de nôtre Conseil du 30. May 1733. Nous avons revoqué le Privilege qui avoit été accordé au Sieur le Comte & ses Associez, pour raison de l'Academie Royale de Musique, ses circonstances & dépendances, & rétabli ledit Privilege en faveur dudit Sieur Exposant, pour en joüir par luy, ses Associez, Cessionnaires & Ayans-cause aux charges & conditions portées par ledit Arrest, pendant le temps & espace de vingt-neuf années, à compter du premier Avril de ladite année 1733. Et que pour l'exploitation dudit Privilege, ledit Sieur Exposant se trouve obligé de faire imprimer & graver les Paroles & la Musique des Opera qui doivent être représentez; mais que pour cet effet il a besoin de nôtre permission & des Lettres qu'il Nous a tres-humblement fait supplier de luy accorder. A CES CAUSES, voulant favorablement traiter ledit Exposant: Nous luy avons permis & permettons par ces Presentes de faire imprimer & graver *les Paroles & Musique des Opera, Ballets & Fêtes qui ont été ou qui seront représentez par l'Academie Royale de Musique, tant séparément que conjointement* en tels Volumes, forme, marge, caractere, & autant de fois que bon luy semblera, & de les faire vendre & débiter par tout nôtre Royaume, pendant le temps de vingt-neuf années consecutives, à compter du jour de la datte desdites Presentes. Faisons défenses à toutes personnes, de quelque qualité & condition qu'elles soient d'en introduire d'Impression ou Gravûre Etrangere dans aucun lieu de nôtre obéïssance: Comme aussi à tous Imprimeurs, Libraires, Graveurs, Imprimeurs, Marchands en Taille-Douce, & autres de graver, ny faire graver, imprimer, ou faire imprimer, vendre, faire vendre, débiter ny contrefaire lesdites Impressions, Planches & Figures de Paroles de Musique des Opera, Ballets & Fêtes, qui ont été ou qui seront representez par ladite Academie Royale de Musique, tant separément que conjointement en tout ny en partie, sans la permission expresse & par écrit dudit Sieur Exposant, ou de ceux qui auront droit de luy; à peine de confiscation, tant des Planches & Figures, que des Exemplaires contrefaits & des Ustanciles qui auront servy à ladite contrefaçon, que Nous entendons être saisis en quelque lieu qu'ils soient trouvez; de dix mille livres d'amende contre chacun des Contrevenans, dont un tiers à Nous, un tiers à l'Hôtel-Dieu de Paris, l'autre tiers audit Sieur Exposant, & de tous dépens, dommages & interests, à la charge que ces Presentes seront enregistrées tout au long sur le Registre de la Communauté des Libraires & Imprimeurs de Paris, dans trois Mois de la datte d'icelles; Que la Gravûre & Impression desdites Paroles & Opera sera faite dans nôtre Royaume & non ailleurs, en bon papier & beaux caracteres, conformément aux Reglemens de la Librairie, & notamment à celui du dix Avril 1725. & qu'avant que de les exposer en vente, les Manuscrits gravez ou imprimez seront remis dans le même état où les Aprobations auront été données ès mains de nôtre tres-cher & feal Chevalier Garde des Sceaux de France, le Sieur Chauvelin; & qu'il en sera ensuite remis deux Exemplaires de chacun dans nôtre Bibliotheque publique, un dans celle de nôtre Château du Louvre, & un dans celle de nôtre tres-cher & feal Chevalier Garde des Sceaux de France, le Sieur Chauvelin; Le tout à peine de nullité des Presentes; Du contenu desquelles Vous mandons & enjoignons de faire joüir ledit Sieur Exposant, ou ses Ayants-cause, pleinement & paisiblement sans souffrir qu'il leur soit fait aucun trouble ou empeschement. Voulons que la Copie desdites presentes, qui sera imprimée tout au long au commencement ou à la fin desdites Paroles ou Opera, soit tenuë pour düement signifiée; & qu'aux Copies collationnées par l'un de nos amez & feaux Conseillers & Secretaires, foy soit ajoûtée comme à l'Original. Commandons au premier nôtre Huissier ou Sergent, de faire pour l'execution d'icelles tous Actes requis & necessaires, sans demander autre permission, & nonobstant Clameur de Haro, Chartre Normande & Lettres à ce contraires. CAR tel est nôtre plaisir. DONNÉ à Fontainebleau le douziéme jour de Novembre, l'An de Grace mil sept cent trente-quatre, & de nôtre Regne le vingtiéme; *Et plus bas*, Par le Roy en son Conseil. *Signé* SAINSON, avec paraphe.

J'ay cedé à M. BALLARD le present Privilege, suivant le Traité fait avec luy le premier Septembre 1730. A Paris ce 23. Novembre 1734. DE THURET.

Registré ensemble la Cession, sur le Registre VIII. de la Chambre Royale des Libraires & Imprimeurs de Paris N. 797. fol. 779. conformément aux anciens Reglemens confirmez par celuy du 28. Fevrier 1723. A Paris le 23. Novembre 1734. G. MARTIN Syndic.

SUPLÉMENT DE DARDANUS,

TRAGEDIE

Remise au théâtre le jeudi 23 avril 1744:

OU

Changemens représentez le vendredi 15 mai suivant.

ACTE TROISIÉME.

Le théâtre représente le vestibule du palais de TEUCER.

SCENE PREMIERE.

ANTENOR, ARCAS.

ANTENOR.

AMour, cruel auteur du feu qui me dévore;
Quels traits empoisonnés lances-tu dans mon cœur!
Dardanus est captif; mais au sein du malheur,
De ma flamme il triomphe encore:
Iphise qui l'adore,
N'a pu cacher ses feux, trahis par sa douleur,
Et j'ai surpris ce secret que j'abhorre.

Amour, cruel auteur, &c.

ARCAS.

Le roi refuse envain d'ordonner son supplice,
Vous serés délivré d'un rival odieux.
Animés par mes soins, mille séditieux
Viendront demander son supplice.
Mais déja leurs clameurs font retentir les airs.

SCENE II.

Une troupe de séditieux accourt en tumulte aux portes du palais : ANTENOR & ARCAS restent sur les aîles du théâtre, pour observer quel sera le succès de la sédition.

CHOEUR des séditieux.

DArdanus gémit dans nos fers,
Qu'il périsse, qu'on l'immole :
Que la vengeance nous console
Des maux que nous avons soufferts.

SCENE III.

TEUCER sort du palais, les Acteurs de la Scene précédente.

OÙ courez-vous ! Arrêtez, téméraires.

LE CHOEUR.

Livrez-nous Dardanus, vous devés nous venger ;
Dans les flots de son sang, laissez-nous nous plonger.

TEUCER.

Si c'est un bien si doux pour vos cœurs sanguinaires,
Que ne l'inmoliez-vous au milieu des combats?
Quand la gloire servoit de voile à la vengeance,
Lâches, pourquoi n'osiés-vous pas
Soutenir sa présence?
Vos cœurs dans la haine affermis,
Trouvoient'ils ces transports alors moins légitimes?
Ne sçavez-vous qu'égorger des victimes,
Et n'osez-vous frapper vos ennemis?
Rougissés d'un transport barbare;
Allés, et quand pour vous le Destin se déclare,
Par des sentimens généreux
Mérités les bienfaits des dieux.

Le peuple se retire, et TEUCER rentre dans le palais.

SCENE IV.

ANTENOR, ARCAS.

ANTENOR.

AH, c'en est trop, le transport qui m'anime
Ne se peut plus renfermer dans mon cœur;
Immolons mon rival, Arcas, sers ma fureur.

ARCAS.

Sa garde m'obéit, parlez, votre victime
Dès cette nuit expire sous mes coups...
Vous ne répondés rien... Eh quoi, balancés-vous?

ANTENOR.

Non... Mais je veux cacher le piege où je l'attire...
Par des jeux solennels on va dans le palais
Célébrer ce grand jour qui sauve cet empire.
Viens ; je veux sans témoins, t'expliquer mes projets.

SCENE V.

Le palais s'ouvre, et plusieurs quadrilles de peuples dansans en sortent, et viennent exprimer la joye qu'ils ont de la captivité de Dardanus.

CHOEUR.

Que l'on chante, que l'on s'empresse, &c.

Et le Divertissement jusqu'à la fin de l'Acte, comme dans le Livre des paroles, pages 26, 27 & 28.

ACTE QUATRIÉME,

SCENE III.

DARDANUS.

O Toi, qui que tu sois, dont le cœur généreux
Est trop sensible à mon sort déplorable,
Garde-toi d'approcher de ces funestes lieux,
Fuis, abandonne un malheureux
Aux traits du destin qui l'accable.

Quelqu'un porte ses pas dans ces lieux pleins d'horreur.
Dieux, fermés-en l'entrée à mon liberateur.

SCENE IV.

DARDANUS, IPHISE,
Un garde qui aporte une épée.

IPHISE.

Je viens briser votre chaîne cruelle,
Antenor cette nuit doit vous donner la mort:
J'ai sçu la trahison, je préviens son effort,
Fuyés, suivez les pas de ce guide fidéle.

DARDANUS.

Ah! Vous-même, fuyés de ce séjour affreux;
Fuyés, un dieu vengeur habite dans ces lieux.

IPHISE.

Que dites-vous? Et quel trouble m'accable?

DARDANUS.

Un Oracle... un arrêt du ciel impitoyable
M'ôte tout espoir de secours.

IPHISE.

Achevez...

DARDANUS.

J'en frémis... Le sort inexorable
Ne veut finir mes maux qu'aux depens de vos jours.

IPHISE.

Hébien, avec tranſport je vous les ſacrifie
Ces jours proſcrits par la rigueur du ſort.

DARDANUS.

Eſt-ce donc me rendre la vie,
Que me frapper d'un trait plus cruel que la mort?

IPHISE.

Ah! S'il vous ſemble affreux de perdre ce qu'on aime,
Voulez-vous donc, cruel, m'expoſer à des coups
Que vous redoutés pour vous-même?
Me croyés-vous plus forte, ou moins tendre que vous?

DARDANUS.

Vous déchirés mon cœur par cet amour extrême;
Contre la mort j'étois armé,
Mais que vous la rendés terrible!
O mort! Que vous êtes horrible
Pour un amant aimé.

IPHISE, ET DARDANUS.

Ah! Fuyés, rendés-vous, ſerez-vous inflexible?

IPHISE.

Si vous mourés, en périrai-je moins?
Au nom de cet amour ſi tendre & ſi funeſte,
Laiſſes-moi pour prix de mes ſoins,
L'eſpoir de vous ſauver, c'eſt le ſeul qui me reſte.

DARDANUS.

Non, c'en eſt trop; il faut vous ſauver malgré-vous;
Et des dieux ſur moi ſeul épuiſer le couroux.

Donne ce fer, Il arrache l'épée des mains du Garde & veut s'en percer : IPHISE lui retient le bras.

IPHISE.

O Ciel!

On entend un bruit de guerre.

Quel bruit... J'entens des armes.

DARDANUS.

L'air retentit au loin des cris des combattans.

IPHISE.

J'écoute en frémissant... tout accroît mes allarmes...
Vous avés résisté trop long-temps à mes larmes...
Votre rival paroît... sans doute il n'est plus temps.

SCENE V.

LES MÊMES, ANTENOR blessé.

ANTENOR, à DARDANUS.

TEs soldats dans nos murs raménent le carnage.

DARDANUS.

Que ne puis-je moi-même animer leur courage.

ANTENOR.

Non, arrête, c'est moi qui seul brisois tes fers,
C'est par mes soins qu'Iphise a vû ces lieux ouverts,
Et pour percer ton cœur, on t'attend au passage :
Suis mes pas... je te veux sauver de leurs fureurs...
Mais, mes remords sont vains.. je m'affoiblis.. je meurs.

DARDANUS *Ce ne sont plus vos jours, &c.*

Page 38, comme dans le Livre des Paroles, jusqu'à la fin, du IVme Acte.

ACTE CINQUIÉME,

SCENE IV.

VENUS descend dans une gloire, les Amour & les Plaisirs l'accompagnent, et sément des fleur sur son passage. Les Acteurs précédens;

PHRYGIENS, ET PHRYGIENNES.

VENUS.

Pour célébrer les feux d'un fils qu'il aime
Le souverain des dieux m'appelle en ces climats.
Etonné de suivre mes pas
L'Hymen vole avec moi, conduit par l'Amour même

Plaisirs, chantés ce jour heureux!
L'Amour remporte la victoire;
Peuples, mêlés-vous à leurs jeux,
Chantés, célébrés la gloire
Du plus charmant des dieux.

On danse

LE CHOEUR DES PEUPLES.

Que vos flambeaux éclairent nos rivages,
Volés tendres amours
Dissipés les orages,
Faites briller les plus beaux jours.

FIN. On danse

Vû par le même Aprobateur de la Piéce.

www.ingramcontent.com/pod-product-compliance
Ingram Content Group UK Ltd.
Pitfield, Milton Keynes, MK11 3LW, UK
UKHW031943260826
14628UKWH00004B/1817

9 782329 367811